KB202578

사역의 유산

Hudson Taylor's Legacy
Daily Readings
3. The Legacy of His Work

Selected and Edited by Marshall Broomhall

Copyright © by the Overseas Missionary Fellowship
1st printing: 1931(by China Inland Mission); This Edition:1974

허드슨 테일러의 유산_매일 묵상집 · 3

사역의 유산

The Legacy of His Work

엮은이 마셜 브룸홀 · 옮긴이 최태희

이 도서의 국립중앙도서관 출판예정도서목록(CIP)은 서지정보유통지원시스템 홈페이지(http://seoji.nl.go.kr)와 국가자료공동목록시스템(http://www.nl.go.kr/kolisnet)에서 이용하실 수 있습니다. (CIP제어번호 : CIP2014021145)

허드슨 테일러의 유산_매일 묵상집 · 3

사역의 유산

1판 1쇄 발행 2014년 7월 20일

엮은이 마셜 브룸홀
옮긴이 최태희
표지디자인 권승린
본문디자인 최인경

발행처 로뎀북스
발행인 최태희
등록 2012년 6월 13일 (제331-2012-000007호)
주소 부산광역시 남구 황령대로 319번가길 190-6, 101-2102
전화 · 팩스 051-467-8983
이메일 rodembooks@naver.com

ISBN 978-89-98012-14-4 04230
ISBN 978-89-98012-9-0 (세트)

목차

사역의 유산

The Legacy of His Work

너희를 인도하던 자들을 생각하며 …

그들의 믿음을 본받으라.

(히브리서 13:7)

Remember your leaders …

follow the example of their faith.

(Hebrews 13:7)

'나는 죽음을 불사하고 내지로 들어가는 길을 열어야겠다.' 아프리카의 리빙스턴은 그렇게 썼다. '중국을 위해서 무언가를 하지 않으면 못 살 것 같은 심정이다.' 이것은 허드슨 테일러가 쓴 글이다. 그 두 사람은 각자 자기만의 특별한 부담이 있었고 자기가 선택한 땅에서 죽었다. 그곳이 한 사람에게는 중앙아프리카였고 다른 한 사람에게는 중국의 심장부였다. 그러나 그들의 눈은 '오실 주님의 영광'이라는 같은 곳을 바라보고 있었다.

'나를 엄습해오던 그 느낌을 나는 결코 잊지 못할 것이다.' 허드슨 테일러가 그 경험에 대해서 기록한 글이다. '말로는 그것을 표현할 수 없다. 나는 하나님의 임재 바로 그 속에 있는 것처럼 느꼈다. 그곳에서 전능하신 분과 언약의 관계로 들어가는 느낌이었다.' '저는 제발 여러분이 아프리카에 관심을 가져주시기를 부탁드립니다.' 리빙스턴은 1857년 12월 3일, 케임브리지에서 이런 말로 강연을 마무리 하였는데 매우 기억에 남는 내용이었다.

'현재는 그 나라가 열려 있지만, 몇 년 후에는 제가 더 이상 그 나라에 있지 못하게 될 것입니다. 그 나라가 다시 닫히도록 내버려두지 마십시오. 저는 상업과 복음의 길을 열기 위해서 다시 아프리카로 돌아갑니다. 제가 시작한 일을 여러분이 계속하여 끝내 주시기 바랍니다. 저는 그 일을 여러분에게 맡깁니다.' 리빙스턴은 기독교 국가인 영국에 이 위대한 말을 그의 유산으로 남기면서 자리에 앉았다. 당시 그곳에 있던 사람이 전해주는 말에 의하면 그 영향이 엄청났다고 한다. '연사가 갑자기 목소리를 높이더니 "저는 그 일을 여러분에게 맡깁니다."라고 외쳤어요. 그리고는 갑자기 말을 멈추었습니다. 마치도 회중 가운데 폭탄을 던진 것 같았지요.' 리빙스턴은 그 유산으로 아프리카를 남긴 것이었다.

허드슨 테일러의 유산 역시 그 단호함에 있어서는 리빙스턴에 못지 않았다. 그는 본래 훌륭한 지도자였기 때문에 수백 명이 자원해서 그를 따라 개척자가 되었다. 그는 그를 따르던 사람들에게, 중국 내지 선교회만 해도 한 때 1,300명 이상 되던 선교사들에게 그리고 여러 파송국가의 수많은 친구와 지원자들에게, 중국의 복음화라는 거대한 미완성의 과업을 남겼다. '하나님의 은사와 부르심에는 후회하심이 없느니라.' 중국 내지 선교회만 해도 그렇게 멋진 목적을 가진 단체로서 그 자체가 대단한 유산이었다.

그러나 허드슨 테일러는 영적인 감화력이 조직 이상의 것임을 그 누구보다 더 잘 알고 있었다. 비록 행정적인 일도 매우 세심하게 감당하고 있기는 했지만 사역에 활기를 띠게 하는 것은 오직 성령이 하시는 일임을 알고 있었던 것이다. 생명 없는 몸이 시체에 지나지 않는 것처럼 하나님의 생기가 없는 조직은 쓸모없는 것보다 더 나쁜 것이었다. 그래서 총재로서 마지막으로 쓴 공식적인 서한에서 그는 모든 일에 하나님을 계속 의지해야한다고 하면서 '만일 하나님이 아닌 다른 영이 세력을 차지한다면 그 어떤 규정으로도 선교회를 구할 수 없고 구할 가치도 없습니다. 중국 내지 선교회는 하나님과 함께 하는 살아 있는 몸이 되어야 합니다. 그렇지 않다면 더 이상 쓰임 받지 못할 것이고 지속될 수 없을 것입니다.'라고 역설했다.

'오라' 그리고 '가라'

'COME' AND 'GO'

수고하고 무거운 짐 진 자들아, 다 내게로 오라.

내가 너희를 쉬게 하리라.

(마태 11:28)

Come unto Me, all ye that labour and are heavy laden,

and I will give you rest.

(Matthew 11:28)

수고하고 무거운 짐을 진 모든 죄인들에게 그리스도는 '나에게 와서 쉬어라.'고 말씀하신다.

그런데 수고하고 무거운 짐을 진 사람들 중에도 신자 중에 많이 있다. 이 초대는 그들을 위한 것이기도 하다. 만일 당신에게 사역이 무거운 짐이 되었다면 예수님의 말씀을 잘 살펴보고 오해하지 말기 바란다. 아마 당신은 '가서 계속 일하라'고 하시는 말씀이라고 상상할지 모르지만 그렇지 않다. 오히려 멈추고 돌아서서 '나에게 와서 쉬어라.'는 말씀대로 할 때이다. 그리스도께서는 절대로 결코 무거운 짐을 진 자에게 일하라고 하지 않으신다. 절대로 배고픈 자, 지친 자, 또는 아프거나 슬퍼하는 자에게 어떤 봉사도 요구하지 않으신다. 그런 사람들에게 성경은 '오라, 오라, 오라!'고 할 뿐이다.

신약의 첫 전도자는 우리가 지금 언급하고 있는 초댓말을 기록하였다. 마지막 전도자도 비슷한 초대를 하고 있다. '누구든지 목마르거든 내게로 와서 마시라.' 신약의 거의 끝 부분도 이러한 말씀으로 맺고 있다. '목마른 자는 와서 값없이 생명수를 마시라.'

주께서 구속한 백성들이 얼마나 많은 시간을 자기가 감당할 용기도 없고 힘도 없는 일을 해야 한다고 상상하며 슬픔과 자책 속에서 살고 있는지… 많은 신자들이 하루 이틀이 아니고 심지어 몇 달씩까지도 그런 고민을 하고 있다. 기차나 버스로 여행을 하면서 함께 탄 승객에게 영혼의 이야기를 해야 한다는 부담은 있는데 말을 하지 못해서, 가는 동안 내내 심하게 고민하던 경험도 많이 있을 것이다. 더구나 하나님으로부터 받은 말씀이 없는 상태에서 말을 하기는 했는데, 좋기는커녕 오히려 해로운 일이 되어버렸던 적은 없었는가? 오! 만일 그들이 먼저 예수님께 왔더라면 얼마나 상황이 달라졌을까? 예수님께 와서 안식을 얻고 생명수를 발견했을 뿐 아니라 그 물이 안에서 솟아나와 자연스럽게 제어할 수 없는 강물이 되어 흘렀을 것이다. 그러면 진심에서 우러나오는 말 이상으로 그 행복한 얼굴이 증거가 되었을 것이다. 그러면 아무도 그 말하는 사람의 얼굴을 보면서 '틀림없이 저 사람 아주 무서운 종교를 믿고 있을 거야.'라는 느낌을 갖지 않을 것이다. '오라'는 말에는 '가라'는 명령을 제외 시키는 것이 아니라 갈 수 있는 길을 준비하라는 의도가 포함되어 있는 것이다.

memo

2일

골짜기마다 돋우어지며

EVERY VALLEY SHALL BE EXALTED

골짜기마다 돋우어지며 산마다, 언덕마다 낮아지며.

(이사야 40:4)

Every valley shall be exalted,

and every mountain and hill shall be made low.

(Isaiah 40:4)

이 구절은 그리스도께서 세상에 오실 길을 예비하던 세례 요한에 대한 예언인데 우리에게도 마찬가지로 적용되는 말씀이다. 당시 '주의 길을 예비하는 일'은 쉬운 과업이 아니었다. 오늘날에도 쉽지 않은 어려움과 대단한 장애물들을 만난다. 바른 관점에서 이러한 어려움을 보는 일은 매우 중요한 일이다. 약속의 땅을 보고 나서 갈렙과 여호수아는 견해가 다른 열 명의 정탐군과 다른 견해를 가졌던가? 그 열 명은 어려움을 이스라엘의 연약한 점과 대비시켰던 반면, 그 두 명은 그것을 이스라엘의 하나님의 능력에 대비시켰다. 그리고 담대하게 주장했다. '우리는 능히 이길 수 있다. -그들은 우리의 밥이다.' 어려움은 믿음으로 극복하는 우리의 밥이다.

그렇다면 하나님께서 그분의 섭리 가운데 우리의 사역을 건널 수 없는 골짜기로, 오르지 못할 장애물이 있는 산지로, 교회가 열심히 힘을 내어 연합해도 바르게 하지 못하는 구부러진 길로, 인간의 힘으로 평평하게 할 수 없는 거친 곳으로 인도하실 때, 우리는 실망하겠는가? 그분의 거룩하신 능력이 안 보이는 가운데서 역사하시는 것을 깨닫고 있는 신자만이 아니라 모든 육체가 볼 것이라고 성경에 확실히 말씀하고 있으니 오히려 거룩하신 그분의 이름을 송축하며 찬양하지 않겠는가?

우리에게 능력이나 용기, 믿음이 없어서 스스로가 어떻게 돋울 수 없는 부족함의 깊은 골짜기가 있는 것을 절망하며 깨닫고 있지 않은가? 또한 우리의 분노하는 기질, 성급한 성격을 고치려고 애를 써보지만 소용이 없어서 낮추지 못하는 산들이나 낮은 산들이 있지 않은가? 그러나 이러한 빛 안에서 돌이켜보면 우리의 마음은 승리로 돋우어지고 입술에는 찬양이 가득하게 된다. 선교사들을 제압하여 넘어뜨릴 뻔했던 강도 높은 난관들, 그 숱한 어려움이 오히려 기쁨을 더해주고 궁극적인 승리를 더욱 확신하게 해주는 것으로 바뀌게 된다.

하나님과 동역하기

WORKING WITH GOD

아무 것도 염려하지 말고

오직 모든 일에 기도와 간구로

너희 구할 것을 감사함으로 하나님께 아뢰라.

(빌립보서 4:6)

In nothing be anxious;

but in everything by prayer

and supplication with thanksgiving

let your requests be made know unto God.

(Philippians 4:6)

　친구들이여, 나는 여러분이 하나님과 함께 일한다는 이 원리, 그분께 무엇이나 구한다는 이 원리에 대해서 깨닫기를 바란다. 만일 그 일이 하나님이 명령하시는 것이라면 그 일을 위한 일군을 반드시 주실 것이라고 믿으며 기도할 수 있다. 그리고 하나님께서 사역자를 주실 때면, 우리는 또한 그분께 가서 필요한 것도 구할 수 있다. 우리는 기금이 있든 없든 언제나 합당한 일군을 받아들인다. 그리고 매우 자주 이렇게 말한다. '친구여, 이제 당신이 맨 처음으로 할 일은 중국에 갈 수 있는 돈을 보내달라고 우리와 함께 기도하는 것입니다.' 돈이 채워지고 때와 상황이 맞아지면 그 친구는 나간다. 중국에 도착했을 때 그에게 줄 돈이 수중에 없어도 기다리지 않는다. 주께서 마련해 주실 것이다.

우리 아버지는 매우 경험이 많은 분이시다. 당신의 자녀가 아침마다 일어나면 배가 고픈 것을 아시기 때문에 아침마다 먹을 것을 주시고, 또 저녁을 굶기고 잠자리에 들게 하지 않으신다. '먹을 것을 주시고 반드시 물을 주실 것이다.' 그분은 이스라엘 백성 300만 명을 광야에서 40년 동안이나 먹이셨다. 설마 하나님께서 300만 명을 중국에 선교사로 보내지는 않으실 것이다. 그러나 만일 보내신다고 해도 그분께는 그들 모두를 부양할 방법이 얼마든지 있으시다. 하나님을 눈 앞에 모시고 살자. 그분의 길을 따라 행하며 모든 일에서 그분을 기쁘시게 하고 그분께 영광을 돌리도록 하자. 하나님의 방법을 따라 하는 하나님의 일에는 결코 그분의 공급이 부족하지 않을 것이다.

재정이 들어오지 않으면 이제는 질문을 할 때이다. 무엇이 잘못되었는가? 어쩌면 단순히 일시적으로 믿음을 시험하는 것일 수 있다. 그런데 만일 믿음이 있다면 시험을 견딜 것이고, 그렇지 않다고 해도 속아서는 안 된다. 수중에 돈이 있고 찬장에 음식이 있으면 자기에게 믿음이 있다고 생각하기 쉽다. 미스 해버걸은 '그분을 온전히 믿는 사람은 그분이 온전하신 것을 알게 된다.'라고 했지만, 내 경험으로 보아 하나님은 온전히 믿지 않는 사람에게라도 당신의 말씀을 어기지 않으신다. '그분은 자신을 부인할 수 없으시다.'(딤후2:13)

memo

하나님의 전쟁

GOD'S BATTLE

그 전쟁은 너희 것이 아니라 하나님의 것이다.

내일 그들에게 내려가라.

(역대하20:15,16)

The battle is not yours,

but God's. Tomorrow go ye down against them.

(2 Chronicles 20:15,16)

여호사밧의 생애는 그가 영적으로 반응을 보였던 여러 일들로 인해서 우리에게 주는 교훈이 많다. 처음에는 충실한 왕으로서 첫 발을 잘 내디뎠다. 그런데 슬프게도 변화가 있었다. 여호바삿의 생애에는 큰 실수를 하고 죄를 지은 이후로 닥친 재앙이 수도 없이 많았다. 그러자 그는 백성들과 함께 주님을 찾기 시작했다. 주님의 반응에 주목하라. '여호와께서 이같이 너희에게 말씀하시기를 너희는 이 큰 무리로 말미암아 두려워하거나 놀라지 말라. 이 전쟁은 너희에게 속한 것이

19

아니요 하나님께 속한 것이니라. 내일 너희는 그들에게로 내려가라. – 이 전쟁에는 너희가 싸울 것이 없나니 대열을 이루고 서서 너희와 함께 한 여호와가 구원하는 것을 보라. – 여호와가 너희와 함께 하리라 하셨느니라.' (대하 20:16,17)

이 말씀이 중국의 복음화에 당면한 문제에 어떤 빛을 던져주는가? 간략하게 몇 가지 생각을 짚어볼 것이다.

이 말씀을 누구에게 하였는가? 일단의 적은 무리였다. 수적으로 적고 자원도 없었으며 지도자들은 연약했다. 그런데 '내일 그들에게 내려가라.'는 명령이 떨어졌다. 그들이 하나님께 도와달라고 하자 하나님은 도와주겠다고 약속하셨다. 그런데 '내일 나가라.'는 명령을 하신 것이다.

즉각적이고 신속한 순종이 필요했던 것에 주목하라. 자기편이 강화되고 대적이 약화되기까지 기다려야 하는 것이 아니었다. 바로 '내일 그들에게 나가라'고 말씀하셨다.

여호사밧이 아무 질문 없이 무조건 어떻게 순종했는지 보라. 나가기를 꺼려했다거나 가다가 지체했다는 말이 없다.

마지막으로, 하나님께서 어떻게 즉시로 그들의 믿음을 영예롭게 해 주셨는지를 보라. 하나님께서는 역사상 유례없던 방법을 사용하여 그들은 온전히 구해주셨다.

우리는 온 세상에 나가서 모든 족속에게 복음을 전하라는 명령을 받고 있다. 그런데 우리는 적은 무리이다. 우리의 힘이 강화될 때까지, 더 자원이 많아지고 시설이 더 갖추어질 때까지 기다리겠는가? 아니면 하나님이 우리와 함께 하시니 그분의 임재를 믿고 즉시 나가겠다고 말하겠는가?

memo

광야에서 빵을

BREAD IN THE WILDERNESS

광야에 있어 우리가 어디서

이런 무리가 배부를 만큼 떡을 얻으리이까?

(마태복음 15:33)

Whence should we have so much bread in the wilderness,

so as to fill so great a multitude?

(Matthew 15:33)

복되신 우리의 주님의 뜻과 명령이 진정 무엇인가? 어떻게 하면 시도만 하는 것이 아니라 실제로 그분께 순종하는 걸음을 내디딜 것인가? 우리는 과거 어느 때보다 더 진지하게 이렇게 질문해 보아야 할 필요가 있다는 생각이 든다. 성경 어디에도 시도해 보라고 하신 적은 없다. 일반적으로 '우리는 가능한 최선을 다하려고 노력해야 한다.'는 표현을 하지만 나는 몇 년 전 주께서 신약 성경 중 어느 상황에서 제자들에게 그런 류(類)의 언급을 했는가를 면밀히 찾아보았다. 그런 말이 한 군데도 없는 것에 나는 놀랐다. 그래서 이번에는 구약에서 찾아보았지만 마찬가지 결과였다. 순종하는 것이 불가능하게 보이는 명령이 많이 있었지만 그것들은 모두 뚜렷한 명령이었다.

하나님께서는 당신의 영을 주신다. 사모하는 자에게나, 기도하는 자에게나 언제나 충만하게 해달라고 소원하는 자에게 가 아니라 당신의 성령을 순종하는 자에게 반드시 주신다. 주님이 축복하시면 한 손에 든 적은 음식만으로도 충분히 하려고 선택하신 일을 할 수 있다. 주인을 따르는 모든 자들, 그분이 하라고 하시는 일을 하고 있는 자들에게는 자원이 문제가 아닌 것이다. 전 창조 세계의 모든 피조물에게 복음을 전하라는 명령이 이전과 다르게 강력하고 절실하게 느껴진 적이 있었다. 신속하게 복음화 하라는 이 명령을 우리 가슴에 새겨야 한다는 생각이 들었다. 주께서 '모든 족속에게 복음을 전하라'고 하신 것은 어떤 의미였을까? 그 명령은 진실로 각 세대마다 자기 세대를 복음화해야 한다는 의미이다. 그것은 우리 주께서 무리의 필요를 즉시로 채워주셨던 것과 마찬가지이다. 무리에게 이삼 일 뒤에 먹을 것을 주겠다고 하는 말은 소용이 없었다. 그들은 배가 고팠고 길 가다가 도중에서 쓰러질 수 있었다. 오늘날도 수많은 사람들이 죽어가고 있다. 우리가 기다리는 동안에 그들은 복음 없이 죽어가고 있다.

가서 전하라

TELL IT OUT

그 때에 내가 이르되 내가 여기 있나이다, 나를 보내소서.

그러자 여호와께서 이르시되 가서 이 백성에게 이르라.

이사야 6:9,10

Then I said, Here am I; send me.

And He said, Go, and tell this people.

Isaiah 6:9,10

사랑하는 친구들이여! 우리는 왜 '이방에 가서 주가 왕이
시라고 전해야 하는가?' 정말로 그래야만 하는가? 나와 당신
은 정말로 그것을 믿고 있는가? 나는 왕이신 그분께 기꺼이
순종할 준비가 되어 있는가? 당신은 어떠한가? 사랑하는 친
구들이여, 오늘 하나님 앞에서 정직해지자. 과연 주가 왕이신
가? 그렇다면 하나님께서 우리를 당신의 충성스러운 신하,
순종하는 신하들로 만들어 주시기를 기도드린다.

'주가 다스리신다고 이방에 가서 전하라.' 왜 우리가 그 말

을 전해야 하는가? 정말로 그분이 다스리시는가? 구주께서 다스리신다면, 우리는 오늘 왜 여기에 있는가? 왜 다스리시는 구주에 대해서 듣지 못한 사람들이 있는가? 중국에서 기근으로 죽어가고 있는 수백 만 명은 어떻게 하는가? 이런 식으로 고통당할 때 그들은 '주가 어디 계시는가?'라고 묻는다. '구주가 살아계시나? 그분이 다스리시나?' 사랑하는 친구들이여, 여기 있는 여러분의 귀에 그 부르짖는 소리가 울리고 있는가? 몇 명 안 되는 우리 선교사들에게 '가서 전하라'고 하지 말고 스스로에게 물어보기 바란다. 정말인가? 주께서 다스리시는 것이 사실인가? 그렇게 생각되지 않으면 그렇게 전하라고 하지 않는다. 그러나 만일 여러분이 그렇게 느끼고 있다면 그분인 정말로 구주시라고 가서 말하라. 그래서 세상이 당신의 삶을 보고 구주가 계시고 그분이 다스리심을 알게 하라.

'예수께서 위에서 다스리신다고 이방에 가서 전하라.' 오, 사랑하는 친구들이여, 그 구주가 예수, 인간이 되어 주신 예수 그리스도, 긍휼이 많으신 예수시라면 하나님께서 우리 중 몇 분에게 음성을 들려주시기를 기도한다. 나나 여러분이나 우리 중 아무도 주가 왕이시고, 구주가 계신데 그분이 다스리시는 분이시며, 그분의 이름이 예수이시고 우리 각자는 이 구세주가 필요하다는 사실을 의심하지 않기 때문에 이런 질

문을 드리는 것이다. 우리가 순종하지 않기 때문에 가서 전하지 않은 것이다. '불어라, 바람아. 이 좋은 소식을 전해다오.'라고 찬송을 부르지 말기 바란다. 바람은 복음을 전하지 못한다. 여러분 중 몇 명이 가서 전해야 하는 것이다.

memo

전능하신 주가 다스린다.

THE LORD GOD OMNIPOTENT REIGNETH

7일

또 내가 들으니 허다한 무리의 음성과도 같고

많은 물소리와도 같고 큰 우렛소리와도 같은 소리로 이르되,

할렐루야! 주 우리 하나님 곧 전능하신 이가 통치하시도다.

(요한계시록 19:6)

And I heard as it were the voice of a great multitude,

and as the voice of many waters,

and as the voice of mighty thunderings,

saying, Alleluia: for the Lord God omnipotent reigneth.

(Revelation 19:6)

우리는 세 가지 중요한 사실을 절대로 잊어서는 안 된다. 하나님이 계시다, 그분은 성경을 통해서 우리에게 말씀하셨다. 그분은 반드시 하신 말씀을 이루신다. 이 사실을 깨닫는 선교사는 주변 상황에 관계없이 자기 발아래 견고한 반석을 가지고 있는 것을 안다. 우리에게는 모두 이러한 확신이 현재도 필요하고 언제나 필요할 것이다. 하나님의 자녀가 '전능하

27

신 주께서 다스린다'는 영광스러운 진리를 그 가슴에 소유하고 있는 것은 작은 축복이 아니다.

그런데 만일 악한 세력이 우리 주위에서 역사하고 있을 때 승리하기 위해서 작지 않은 믿음이 필요하다면, 우리가 그러한 세력을 우리 안에서 발견할 때는 어떻게 할 것인가? 안에 도사리고 있는 배반자는 밖에 있는 원수 이상으로 위험할 수 있다. 차라리 하나님을 위해 그리스도인으로 죽는 것이 그리스도인으로서 사는 것보다 더 쉽겠다고 느꼈던 적이 누구에게나 한 번 쯤은 다 있지 않은가? 우리는 자주 그리스도인의 기준을 낮추려는 유혹을 받지 않는가? 죄를 연약함, 실패, 허약 등 듣기 좋은 단어로 포장할 뿐 아니라 죄를 죄로 알아도 절망하며 거의 포기하는 경우가 많지 않은가?

치료책은 없는가? 실제로는 죄가 다스린다고 하거나 값을 주고 산 소유로서 구속 받기 전에 모든 죄를 그 뿌리와 가지까지 다 제거해야한다는 비성경적인 생각을 용납해야 하는가? 아니다; 그럴 수 없다! 해결책이 있다. 해결책은 주 예수 그리스도이시다. 그리스도는 우리를 위한 유월절 어린 양이시다. 우리와 함께 하시는 그리스도께서 우리에게 가라고 하신 것이다. 구름 기둥이 이스라엘 백성을 인도하셨듯이. 우리 안에 계신 그리스도께서 소유물을 취하실 수 있고 그것을 지키실 수 있으시다.

정말로 그러한 것이라면 해외에 있는 선교사나 본국에 있는 그들의 친구들이나 다 같이 그렇게 이해하고 있어야 한다. 우리는 그저 동역자가 아니다. 우리는 한 몸의 지체들이다. 만일 전능하신 그분이 정말로 우리 안에 계시다면 사역의 계획이 아무리 방대하다고 해도 두려워할 필요가 없다.

memo

유능하고 기쁜 마음으로
함께 할 사람들

WILLING SKILFUL MEN

성전 건축을 위하여 모든 공사에 유능한 기술자가

기쁜 마음으로 너와 함께 할 것이요

또 모든 지휘관과 백성이 온전히 네 명령 아래에 있으리라.

(역대상 28:21)

And they shall be with thee for all the service of the house of God:

and there shall be with thee for all manner of workmanship

every willing skilful man, for any manner of service:

also the princes and all the people will be wholly at thy commandment.

(1 Chronicles 28:21)

솔로몬이 성전 공사를 할 때 그에게 허락해 주셨던 일군들을 통해서 우리는 기독교 사역자들에게 대단히 격려가 되는 약속이 있음을 알게 된다. 진짜 솔로몬 왕이 보좌에 앉아 계시고, 진짜 성전이 지어지고 있으며, 그분을 위해서 유능하고도 기쁘게 섬길 일군들이 있고, 하나님 집의 모든 지휘관과 백성들이 그 명령 아래에 있는 것이다.

어떤 때는 기쁘게는 섬기는데 유능하지 않은 것 같은 일군들, 그리고 유능하기는 한데 기쁜 마음이 더 있었으면 하는 생각이 드는 일군들이 있는 것 같이 보인다. 어떻게 하면 하나님의 사역을 위해서 그 아름다운 조합 – 유능하고도 기쁜 마음으로 섬기는 사람들을 확보할 수 있을까? 그들은 우리의 왕이신 주인께 약속이 되어 있는 일군들이다. 그분께 그 사람들을 달라고 믿음과 기도로 주장해야 한다. 그리스도께서 제자들에게 추수의 주인께 당신의 추수 밭에 일군을 보내달라고 기도하라고 지시하신 대로 해야 하는 것이다.

우리는 처음부터 이러한 방침을 채택했는데 하나님께서는 신실하시게도 매우 다양한 사역을 할 수 있도록 기쁜 마음으로 함께 할 유능한 사람들을 보내주셨다. 대장간과 경작지에서, 판매대와 책상에서, 전문학교와 대학에서, 대저택과 사무실에서 각양 사역에 맞는 유능한 일군들이 기쁜 마음으로 오도록 해주셨다. 이제껏 그들은 한 사람 한 사람이 복을 주는 사람이었고, 또한 모두가 서로를 통해서 복을 받았다. 요나단이 자기의 병기를 드는 자에게 멋진 말을 하였다. '여호와의 구원은 사람이 많고 적음에 달리지 아니하였느니라.' 바울이 그리스도와 함께 십자가에 못 박혔기 때문에 하나님은 바울의 재능과 교양을 쓰실 수 있었다. 그런데 하나님은 오순절 날 그러하셨듯이 일반적으로 무학無學의 베드로와 같은 사람을 통해서 말씀하신다. 주님은 다윗과 같이 넓은 마음이 있을 때 다윗의 부를 사용하실 수 있다. 그런데 하나님의 가장 강한 능력의 역사는 '은과 금은 내게 없지만 내게 있는 것으로 네게 주노니 곧 나사렛 예수 그리스도의 이름으로 일어나 걸으라.'고 외치는 사람을 통해서 주로 일어난다.

memo

사역을 위한 힘 1

STRENGTH FOR SERVICE 1

주님의 기쁨이 너희의 힘이니라.

(느헤미야 8:10)

The Joy of the Lord is your strength.

(Nehemiah 8:10)

기쁨은 참으로 매력이 있는 것이다. 기쁨에는 의사소통을 원활하게 하는 힘이 있다. 우리는 본능적으로 행복한 얼굴을 하고 밝고 명랑한 태도를 보이는 사람에게 끌린다. 특히 젊은이들에게 기쁜 얼굴과 명랑한 태도는 강력한 영향력을 발휘한다. 참된 지혜는 '그분 앞에서 언제나 기뻐하는 것이며' 하나님을 섬기는 일이 우울한 것이라는 악마의 거짓말을 무無로 만드는 것이다.

하나님께서는 죄로 물든 세상에서 조차 기쁨을 어디에나 두시고 널리 퍼지도록 해두셨다. 그것은 얼마나 놀라운 사랑의 증거인지 모른다. 어린 동물은 모두 천성적으로 즐거워한다. 건장하고 활력이 있으면 수고조차 즐거움이 되어 버린다. 하나님께서 우리에게 주신 모든 기관의 움직임은 우리를 더욱 기쁘게 해주는 경향이 있다. 공중의 새나 들판의 꽃들, 사납게 소용돌이치는 대양, 견고히 서 있는 빛나는 언덕을 볼 때 우리는 즐겁다. 모든 사회적, 가정적 삶의 관계도 인간의 행복을 더해 준다. 창조의 하나님께서는 틀림없이 피조물이 즐겁기를 원하신다.

하나님의 자녀들이 즐거운 가족이 되는 것이 확실히 우리 아버지의 뜻이라는 것을 자연을 통해서 배울 뿐 아니라 구약과 신약에도 즐거워하며 살라는 격려의 말씀과으로 가득 차 있고 심지어 그렇게 명령까지 하고 있다. 느헤미야서에 기록된 부흥의 장면에서 우리는 사람들이 자신이나 국가가 범한 죄가 하나님께서 요구하시는 것에서 얼마나 멀리 떠나 있는가를 깨닫고 매우 슬퍼하는 것을 볼 수 있다. 그런데 그때 백성들을 가르치는 자들은 이렇게 권면했다. '이 날은 여호와의 성일이니 슬퍼하거나 울지 말라. 가서 기름진 것을 먹고 단 것을 마시라. 그리고 아무 것도 준비하지 못한 자를 위하여 조각을 나누어주라. 슬퍼하지 말라, 여호와를 기뻐하는 것이 너희의 힘이니라.' 그래서 백성들은 자기의 길로 가면서 크게 기뻐하였다. 기쁨은 하나님께로부터 나오는 것이다.

사역을 위한 힘 2

STRENGTH FOR SERVICE 2

주님의 기쁨이 너희의 힘이니라.

(느헤미야 8:10)

The Joy of the Lord is your strength.

(Nehemiah 8:10)

주님의 기쁨이란 무엇인가? 그러한 주님이 계시다는 사실이 기쁜가? 그분의 존재를 깨달으면 기뻐할 수밖에 없다. 아니면 그분이 바로 우리의 주님이시기 때문에 기쁜가? 왜냐하면 소유는 결과적으로 기쁨을 주기 때문이다. 아니면 그분 자신을 우리에게 주시고 우리 마음에 그분의 '성령'을 부어주셨기 때문에 갖는 기쁨인가? 또는 마지막으로 그 기쁨은 그분이 우리의 주님이시라는 사실 때문인가? 이 모든 것이 우리가 기쁜 이유이지만 여기에서 다루려고 하는 것은 특히 이 마지막에 관한 것이다.

요한복음 15장 11절은 가지가 열매 맺는 것을 주님이 기뻐하시는 것에 대해 언급하고 있다. 그분의 기쁨이 그들 안에 머물고 그 기쁨이 가득하도록 하는 것이 그분의 뜻이다. 여기에서 우리는 주님의 기쁨이 그 백성의 기쁨과 구별되는 것임을 본다.

히브리서 12장 2절을 보면 당신의 백성을 구속하시는 것이 주님의 기쁨이었다. 부끄러움을 개의치 않으시고 십자가를 지시는 기쁨이다. 그 기쁨은 자기희생을 할 수 있는 힘이었다.

스바냐 3:17에 나오는 주님의 기쁨은 값을 주고 사신 유업에 대한 것이다. 오, 이 기쁨은 얼마나 놀라운 것인지! '그가 너로 말미암아 기쁨을 이기지 못하시며 너를 잠잠히 사랑하시며 너로 말미암아 즐거이 부르며 기뻐하시리라.'

이것은 주님이 지니신 삼중 기쁨에 대한 자각이다. 우리를 구속하신 기쁨, 우리의 주요 열매 맺는 능력으로 우리 안에 거하시는 기쁨, 우리를 당신의 신부요 즐거움으로 소유하고 계신 기쁨을 우리 주님은 가지고 계시다. 이 기쁨을 자각하는 것이 우리의 참된 힘이다. 그분 안에 있는 우리의 기쁨은 요동할 수 있지만 우리를 기뻐하시는 주님의 기쁨은 변동이 없는 것이다.

우리는 날마다 순간마다 이러한 힘의 즐거움 속에서 살고 있는가? 이 기쁨을 무의식적으로 억제할 수 없어서 우리 주인을 언제나 자랑하고 있는가? 아무 말을 하지 않아도 주님이 선하신 것이 표정과 눈에 숨길 수 없이 나타나 증거가 되고 있는가? 집에서, 친척들 사이에서 우리의 삶이 이렇게 증거가 되고 있는가? 우리와 가장 가까웠던 사람들에게 바울처럼 '내가 너희와 함께 있을 때 언제나 어떻게 행한 것을 너희도 알거니와' 라고 호소할 수 있는가?

memo

하나님을 아는 지식

THE KNOWLEDGE OF GOD

영생은 곧 유일하신 하나님을 아는 것이니이다.

요한복음 17:3

This is life eternal,

that they should know Thee the only true God.

John 17:3

하나님을 아는 지식과 그 지식을 실제로 이용하는 것 사이에는 우리가 가끔 깨닫고 있는 것보다 훨씬 더 가까운 연관성이 있다. 그분이 우리 안에 심으신 생명을 신실하게 살아낼 때, 그리고 깨닫게 하신 지식을 충성스럽게 사용할 때 우리는 그분을 실제적으로 알게 된다. 이 두 가지는 서로 떼어놓을 수 없다. 우리가 그분의 부활의 능력을 알기 원한다면 그분의 고난에 동참해서 그 죽음에 동화된 삶을 실제로 살아보아야 한다. 그분을 더 충만하고 완전하게 알기 위해서 우리는 하나님의 생명으로 살아야 하는 것이다. 우리는 오직 우리가 전달한 것을 통해서 그것을 알고 이해한다. 이 복음을 세상에 가지고 나가서 본국에서나 해외에서 그것을 나타내 보일 때 우리는 하나님을 깨닫고 그분을 더욱 알게 될 것이다. 우리가 그분을 닮아갈수록 그분을 이해하게 될 것이다.

31년 전, 중국으로 가려고 영국 해안을 떠날 때였다. 지금은 영광을 받으시고 성자의 대열에 들어가신 사랑하는 어머니가 나와 함께 리버풀 항구까지 내려 오셨다. 어머니는 내가 중국으로 가는 6개월 동안 나의 집이 될 선실에 들어와 보셨는데 나는 그 때의 일을 결코 잊을 수가 없다. 어머니는 나를 축복하시고 나와 헤어져서 해안으로 나가셨다. 갑판에 서서 작별을 하는데 어머니는 선착장을 향하여 떠나는 배를 따라오고 계셨다. 바다로 향하는 문을 지나자 모습이 안보이기 시작했는데 내가 떠나는 것에 대해 어머니가 가슴으로 느끼시는 고통의 울부짖음을 잊을 수가 없었다. 그것은 마치도 칼이 내 심장을 찌르는 것 같았다. 나는 당시 '하나님이 세상을 이처럼 사랑하셨다'는 그 사랑의 강도를 그때처럼 뼈저리게 느낀 적이 없었다. 나의 소중한 어머니도 평생 세상을 향한 하나님의 사랑을 그때 이상으로 더 잘 배우셨던 적은 없었을 것이라고 나는 확신한다.

오, 친구들이여! 시련과 슬픔, 고난 속에서 하나님과 실

제적으로 교제를 나누는 자리로 이끌려 갈 때 편안한 일상
의 안락함 속에서는 배울 수 없는 교훈을 배운다. 이러한 이
유 때문에 하나님께서 그렇게 자주 우리에게 시련을 주시는
것이다.

memo

충족함

ALL-SUFFICIENCY

여호와 하나님은 해요 방패이시라.

여호와께서 은혜와 영화를 주시며 정직하게 행하는 자에게

좋은 것을 아끼지 아니하실 것임이니이다.

(시편 84:11)

For the LORD God is a sun and shield:

the LORD will give grace and glory:

no good thing will he withhold from them that walk uprightly.

(Psalm 84:11)

주 하나님은 해요 방패이신데 우리가 생각할 수 있는 가장 충만한 의미에서 그러하다. '그분이 하시는 그 어떤 일로도 그 위대한 고안자(考案者), 실행자(實行者), 지지자(支持者)의 모습을 충분히 드러내지 못한다. 그리고 아무리 고상한 생각과 상상을 하여도 제한된 인간으로서는 무한하신 그분을 알 수가 없고 절대로 그 높이에까지 다다를 수 없다. 자연계의 태양은 그 굉장함과 크기와 영광을 다 가늠할 수 없

고, 그 강한 광선을 있는 그대로 바라볼 수도 없다. 그런데도 그것은 하나님께서 만드신 수많은 태양 중 가장 작은 것일 수도 있는 것이다. 그 모든 것을 만드신 창조주는 얼마나 영광스러운 분이신가!

주 하나님은 태양이시다. 그분은 태양이나 태양 군(群)이 의미하는 실체이시다. 독자들이여, 그분이 당신의 태양이신가?

그리고 주 하나님은 방패이시다. 순간마다 위험이 우리를 에워싸고 있다. 우리의 안과 주변에 보이지 않는 위험이 있어서 언제라도 우리의 지상 경력을 끝내게 할 수 있다. 그런데 우리는 어떻게 그렇게 안전하게 살고 있는가? 왜냐하면 주 하나님이 방패이시기 때문이다. 세상과 육신과 악마는 매우 실제적이다. 그래서 누군가의 도움을 받지 않으면 우리는 그들에게서 지키거나 구할 힘이 없다. 주 하나님이 방패이시다. 그러니 중국에 가는 것은 별 큰 일이 아니고 그곳에서 다니는 일에 덤으로 따르는 위험도 크리 큰 것이 아니다. 왜냐하면 여기에서와 마찬가지로 거기에서도 주 하나님이 방패가 되어주시기 때문이다. 그분의 뜻을 알고 행하는 것 – 이것이 우리의 안식이고 우리에게 안전한 길이다.

그분의 약속들은 얼마나 좋은 것인지! 그분은 은혜와 영광을 주실 것이다. 그 은혜는 공로 없는 자에게 거저 주시는 것이고, 그 영광은 그분의 소유가 되어 그분을 섬기며 영혼에 갖게 되는 현재의 영광인 것이다. 그분은 의로운 길을 걷는 자에게 모든 좋은 것을 아끼지 않으신다. 아! 우리가 하나님의 길에 불만족스러워 했던 것은, 사실은 자신이 걷는 길이 불만족스러웠기 때문이었다.

그러나 하나님의 약속이 좋은 것 이상으로, 그 약속을 해주신 분은 더 위대하고 더 좋은 분이시다. 그래서 만일 우리가 모든 약속을 주장하고 우리의 입을 넓게 열었다면 그분은 우리가 구하는 것이나 생각하는 것에 훨씬 넘치는 일을 해주셨을 것이다. 그분은 그렇게 해주시기를 기뻐하신다.

13일 하나님께 속한 것의 확실성

THE CERTAINTY OF DIVINE THINGS

백 명의 선교사를 보낸 뒤에 썼던 글

From an article written after the sailing of the Hundred.

이제 백 명이 다 되었으니 돌아보며 기도를 응답해 주신 것에 감사하고 그들이 나간 일이 의미하는 바 몇 가지 질문을 생각해 보는 것이 좋겠다.

그들은 기쁘게 순종하여 나갔다. 주인께서 가라고 하셔서 기쁘게 간 것이다. 왜냐고 물을 필요가 없었다. 그분이 말씀하시면 그것으로 족한 것이다. 그 '백 명'에게는 가라는 말이나 머물라는 말이 그저 평범한 글자가 아니었다.

그들은 완전히 믿으며 갔다. 그분의 명령이 현명한 것인가 또는 인정어린 것인가 그들은 결코 질문하지 않았다. 그들에게는 그분이 지혜이다. 그분이 사랑이시다. 그분은 가라고 명하실 때, 가는 사람들이 누구에게 가는지 그리고 누구를 위해 사역할 것인지에 대해서 전부 알고 계셨다.

그들은 걱정하지 않고 갔다. 그들이 가는 걸음걸음을 그분께서 전부 알고 계시기 때문이었다. 그들은 혼자 간 것이 아니었다. 그분께서 항상 그들과 함께 계셨고 앞으로도 그러실 것이었다. 그분은 하늘과 땅의 모든 권세를 지니신 분이시다.

그들에게는 확실히 하려는 일이 있었다. 이것저것을 해보려고 간 것이 아니라 주가 주시는 힘으로 주가 하라시는 일을 하기 위해서 간 것이었다. 하나님이 명령하시면 행할 힘도 주시는 것을 알고 있었다.

하나님께 속한 것의 확실함, 그 절대적인 확실함을 더욱 자주 신뢰해야 할 필요가 있지 않은가? 중력의 법칙이 왜 확실한가? 하나님이 법으로 그렇게 정하셨기 때문이다. 왜 성경 말씀이 마찬가지로 확실한가? 왜냐하면 그것은 하나님의 말씀이기 때문이다. 그리스도의 이름으로 드린 기도가 왜 태양이 떠오르는 것처럼 확실히 응답을 받는가? 그 이유는 그 둘 다 하나님의 뜻이기 때문이다. 성경에 그렇게 약속이 되어 있다.

그 확실한 책에서 우리는 이방인의 비참한 위치를 명백히 보고 있다. 그래서 왜 그들 모두에게 복음을 전하라는 명령을 주셨는지를 잘 알 수 있다. 만일 우리가 알지 못했다고 하더라도 그 명령에 순종하는 것은 우리의 의무 – 아니, 우리의 특권일 것이다. 그러나 우리 주님은 우리를 친구로 대우하시고 그런 명령을 하는 이유를 가르쳐 주신다.

그 이유 중 하나는 이방인이 처해 있는 무서운 자리이다. 우리나 우리의 사랑하는 사람들이 본국에서 그분을 섬길지 해외에서 그분을 섬길지는 그분께서 결정할 일이 아닌가?

memo

영원한 하나님 나라

GOD'S EVERLASTING KINGDOM

> 그의 나라는 영원한 나라요 그의 통치는 대대에 이르리로다.
>
> (다니엘 4:3)
>
> His Kingdom is an everlasting Kingdom,
>
> and His dominion is from generation to generation.
>
> (Dan. 4:3)

우리는 설교할 때 보통 이방 군주의 말을 본문으로 쓰지는 않는다. 그런데 느부갓네살이 했던 이 고백은 매우 훌륭해서 우리의 생각에 큰 도움이 될 뿐 아니라 격려도 되는 것 같다. 주가 왕이신 진리를 충분히 바로 깨닫지 못할 때, 그것이 실패와 상실, 낙심과 게으름의 원인이 된다.

부분적으로는 바로 이 잘못 때문에 오래 전이나 오늘날이나 열방의 족속을 우리 주님께 돌아오게 하는 일에 실패했던 것이다. 그 해로움의 영향력이 곳곳에 미치기 때문에 그것을 방지하기 위해서는 그 원인부터 제거해야 한다.

우리는 '천국(하나님이 통치하시는 왕국-역주) 복음'이라는 표현을 잘 쓰지 않는다. 그 말을 하는 경우에도 거의 의미 없는 구절로 사용할 때가 많다. 그런데 그분의 통치가 가져다주는 축복과 기쁨이 하나님의 말씀 안에 얼마나 가득 차 있는지 모른다. 주 예수가 왕이시라는 이 위대한 진리를 소중히 여기고 묵상하며 그 진리 위에서 행동하자.

구약이나 신약에는 그에 대한 증거가 풍부하다. 주의 탄생 전에 천사가 알려주었다. '주 하나님께서 그 조상 다윗의 왕위를 저에게 주시리니 영원히 야곱의 집에 왕노릇 하실 것이며 그 나라가 무궁하리라.'

빌라도에게는 주님 자신이 증거하셨다. '내 나라는 이 세상에 속한 것이 아니다. 그러면 네가 왕이냐? 내가 바로 이를 위하여 태어났다.' 주님은 다스리기 위하여 태어나셨고, 일생 한결같이 그렇게 행동하셨다.

그분은 왕으로서 그 권세로 제자들에게 소유물과 직업을 버리고 따라오라고 부르셨고, 왕으로서 산상수훈을 통해서 왕국의 법도를 제시하셨다. 그리고 왕으로서 왕국의 복음을 전하라고 대사들을 파송하셨다. 그분은 왕의 위엄으로 희생의 죽음 앞에서 왕권을 증거하셨다. 십자가 위에 새긴 명패가 그렇다고 선언했다. 그리고 그분은 왕이요 구세주로 다시 살아나셨다. 주께서 다시 오실 때 그분을 바라보고 있는 종들을 만나실텐데 그들은 참으로 복된 사람들이다.

금식과 기도

FASTING AND PRAYER

기도 외에 다른 것으로는

이런 종류가 나갈 수 없느니라.

(마가복음 9:29)

This kind can come out by nothing,

save by prayer and fasting.

(Mark 9:29)

샨시에서 중국인 성도들은 개인적으로 또 함께 자주 금식 기도를 하고 있었다. 그들은 사람들이 싫어하는 이 금식이 진정으로 하나님이 정하신 은혜의 방편인 것을 깨닫고 있었다. 금식은 사람을 약하고 초라하게 만들기 때문에 금식을 하는 일에는 하나님께 대한 믿음이 필요하다. 아마도 우리 사역에 제일 큰 장애는 우리에게 힘이 있다는 잘못된 생각일 것이다. 금식을 하면 우리가 얼마나 약하고 가련한 피조물인지를 배운다. 우리가 기대기 쉬운 그 적은 힘도 한 조각 고기를 먹어야 생기는 것이 인생인 것이다. 그런데 축복이 온다. 나는 이 것을 안다. 우리 중국 내지 선교회에 심각한 어려움이 있을 때 금식의 날을 정하고 (매우 많은 날들을 그렇게 했다.) 기도하면 하나님께서는 언제나 개입해 주셨다. 그분은 우리 앞서 가셔서 굽은 길을 곧게 만들어 주셨다. 그분은 앞서 가셔서 거친 장소를 평평하게 해 주셨다.

하나님은 진실하시다. CIM의 역사가 그것을 증명한다고 생각한다. 그러니 만일 우리가 이 원칙에 맞추어 모든 일을 하고 모든 일을 받아들인다면 매일의 삶에서도 그렇게 살아야 하지 않겠는가? 모든 사람이 무거운 짐을 벗고 충분히 공급 받아 강하고 건강하며 행복하기를 바라시는 것이 하나님의 뜻이다. 시편 1편의 조건을 믿음으로 순종하라 그러면 모든 일에 형통할 것이다. 영적인 사역은 물론 가정 일이나 사업상의 모든 거래에서 순조로울 것이다. 당신의 백성이 왕의 자녀로서 사는 것이 주님의 뜻이다. 그러니 '아무 것도 염려하지 말고 모든 일에 기도와 간구로 감사함으로 하나님께 아뢰어' 그분의 완전한 평화 가운데 살지 않겠는가? 그분은 언제나 은혜로우시고 온유하시다. '우리는 미쁨이 없을지라도 주는 항상 미쁘시니 자기를 부인하실 수 없으시리라.'

하나님의 대학

GOD'S UNIVERSITIES

귀히 쓰는 그릇이 되어

거룩하고 주인의 쓰심에 합당하며

모든 선한 일에 준비함이 되리라.

(디모데 후서 2:21)

A vessel unto honour, sanctified,

meet for the Master's use, prepared unto every good work.

(2 Timothy 2:21)

우리가 CIM에서 채택했던 또 다른 원칙도 우리를 실망시키지 않았다. 우리는 하나님이 주시는 사역자들을 받아들였는데 그들은 매우 다른 자격을 가지고 있는 사람들이었다. 건축가 없이 회관을 지으려고 한다면 매우 지혜롭지 못한 일일 것이다. 그렇지만 건축가가 필요하다고 해서 건축가만을 데리고 오겠다면 그것도 대단한 잘못일 것이다. 선교 사역에서 그것이 전부였다면 귀중한 공부를 한 사람이 거의 없을 것이고 능력이 있고 기꺼이 나갈 수 있는 사람들도 그 수가 부족

할 것이다. 그렇지만 선교지에는 다른 사람이 더 잘 할 수 있는 일들이 그 외에도 많이 있다. 하나님은 각 사람에게 자기에게 맞는 일을 주셨다. 벽돌공은 건축가보다 벽돌을 더 잘 쌓을 수 있고 건축가는 감독하고 계획하는 일을 벽돌공보다 더 잘 할 것이다. 유능하고 기쁘게 일할 수 있는 사람들이 사역의 모든 방면에 맞게 와야 하나님의 일이 마땅한 방향으로 진행되어 갈 것이다. 어느 교회가 안수 받은 목사에게 주일학교에서 알파벳을 가르쳐야 한다고 주장하겠는가?

하나님은 우리 인간에게 최고의 능력을 주셨다. 그런데 우리에게는 다른 학교를 졸업한 사람들이 있다. 여기에서 배워야 하는 교훈이 없는가? 우리는 하나님이 주신 사람들이 다른 사회 집단에서 자랐다고 하여 배척하지 말아야 한다. 하나님께서 당신의 모든 자녀들에게 예외 없이 그 자신의 일을 하기 위하여 최고로 잘 맞는 교육을 받을 수 있는 환경을 주셨고 그 분야에서 향상할 수 있도록 해 주셨다는 것을 믿지 않는다면, 그런 사람은 완전히 믿음 없는 이교도라고 나는 생각한다. 시련과 박해의 학교가 있다. 경험적으로 볼 때 그 학교를 졸업하지 않은 사람은 교회에 좋은 협력자가 되지 못한다.

아, 친구들이여, 하나님께서는 친히 만드신 대학이 있으시고, 사람들을 훈련하시는 당신만의 방법이 있으시다.

하나님의 보증

GOD'S GUARANTEES

너희는 먼저 그의 나라와 그의 의를 구하라.

그리하면 이 모든 것을 너희에게 더하시리라.

(마태복음 6:33)

Seek ye first His Kingdom and His righteousness;

and all these things shall be added unto you.

(Matthew 6:33)

우리는 하나님의 말씀의 영감을 온전히 믿고, 작은 성경 하나만 들고도 그것을 유일한 보증으로 삼아 중국의 내지에 들어가려는 믿음이 있는 사람들이라면, 교파와 상관없이 함께 믿는 형제들의 협력을 받기로 결론지었다. 하나님께서는 '먼저 그의 나라와 그 의를 구하라. 그리하면 이 모든 것(음식과 의복)을 너희에게 더하시리라.'고 하셨다. 누구든지 하나님이 진실을 말씀하셨다고 믿지 않으면 그 믿음을 전하려고 중국으로 가지 않는 것이 좋을 것이다. 만일 그것을 믿는다면 그 약속으로 충분하다.

　다시 말하지만 하나님은 '그 행위를 바르게 하는 자에게 모든 좋은 것을 아끼지 않으실 것이다.' 바르게 살려고 하지 않는 사람은 집에 머물러 있는 것이 더 낫다. 만일 바르게 살려는 마음이 참되다면 필요한 것은 전부 보증기금이라는 형태로 들어올 것이다. 하나님은 세상의 모든 금과 은, 들판의 모든 소떼들을 소유하신 분이다. 우리는 채식주의자가 되지 않아도 된다.

　잘못된 곳에 놓인 돈이나 바르지 않은 동기로 주어지는 돈은 모두 매우 두려워해야 한다. 아무리 적어도 그것이 주께서 주려고 선택하신 만큼이라면 우리는 살 수 있다.

　그러나 거룩하지 않은 돈이나 잘못된 위치에 놓인 돈은 가질 수 없다. 그것보다는 전혀 돈이 없는 것이, 심지어 음식 사 먹을 돈조차 없다고 해도 그것이 훨씬 낫다. 주께서는 중국에서도 까마귀를 보내어 빵과 고기를 보내주실 수 있기 때문이다. 주님은 언제나 신실하시다. 주께서는 우리의 믿음을, 아니 신실함을 시험해 보신다. 사람들이 '주님, 우리에게 믿음을 더하소서.'라고 했을 때 주님께서 그렇게 기도하는 제자들을 꾸짖지 않으셨는가?

　그분은 '너희 믿음이 이 겨자씨만큼만 있어도 충분히 이 산을 움직일 수 있을 것이다.'라고 하셨다. 우리에게는 믿음이 필요하다. 크신 하나님을 믿는 믿음, 친히 하신 약속을 지키실 것으로 기대하는 믿음, 약속하신 대로 행하실 것이라는 믿음을 가져야 한다.

memo

영적 준비

SPIRITUAL PREPARATION

주께서 행하신 일을 주의 종들에게 나타내시며

주의 영광을 그들의 자손에게 나타내소서.

주 우리 하나님의 은총을 우리에게 내리게 하사

우리의 손이 행한 일을 우리에게 견고하게 하소서.

(시편 90:16,17)

Let thy work appear unto thy servants,

and thy glory unto their children.

And let the beauty of the LORD our God be upon us:

and establish thou the work of our hands upon us.

(Psalm 90:16,17)

우리가 세상에서의 부르심이나 영적인 사역에서 성공하고 싶다는 욕구를 가지고 있는 것은 매우 자연스러운 일이어서 대부분 시편 90편의 마지막 구절과 같은 기도를 드린다. 이 간구는 순서만 바르게 지켜진다면 완전히 정당한 것이다. 그러나 그것이 처음이 아니라 마지막으로 드린 간구임에 주목

할 필요가 있다. 만일 그것이 모세의 기도에서처럼 우리 마음의 마지막에 오는 간구라면 우리가 드려도 안전할 것이다.

모세의 역사는 매우 교훈적이다. 그가 처음 이스라엘을 구하려고 시도했을 때 어린 나이가 아니었다. 아니 인간의 견해로 보자면 자격을 갖추지 못했거나 훈련이 되어 있지 않은 사람이 아니었다. 그런데 부족한 것이 있었다. 바로 영적인 준비가 필요했던 것이다. 자신의 한계, 그 끝까지 오지 않아서 실패했던 것이다. 그는 '그럴 것이라고 가정하고' 앞으로 나갔다. 그 실패로 겸손해지고 교훈을 받아서 다시는 이스라엘을 구원하려고 시도하지 않았다. 하나님께서 친히 그를 압박하실 때까지…

악과 슬픔에서 구원하는 데 그친다면 하나님의 위대하신 목적에 대한 관심이나 지식이 결여되어 개인이나 만족하는 그런 삶이 될 수 있다. 그래서 그는 기도한다. '주께서 행하신 일을 …… 나타내시며, 주의 영광을 …… 나타내소서!'

그 기도는 모세의 때와 마찬가지로 오늘날 우리에게도 적절한 기도이다. 모세는 또 기도했다. '주 우리 하나님의 은총을 우리에게 내리게 하소서.' 그냥 나타내 달라고만 하지 않고 우리에게 반영되어 우리에게 머물게 해달라는 것이었다. 그래서 모세가 산에서 내려왔을 때 주의 아름다우신 빛이 그에게 머물러 있었다. 즉, 그는 하나님의 백성들이 모두 그분의 아름다우신 성품을 반영하게 해달라고 기도드린 것이었다.

우리 손으로 하는 일을 견고하게 해달라는 것보다 주 우리 하나님의 아름다우심에 더 관심을 가져야 하지 않겠는가? 이것이 제일의 목적이 되도록 하자. 그러고 나서 '우리의 손이 행한 일을 우리에게 견고하게 하소서. 우리에게 견고케 하소서.'라고 바른 순서로 기도하도록 하자.

만민에게

TO EVERY CREATURE

너희는 온 천하에 다니며 만민에게 복음을 전파하라.

(마가복음 16:15)

Go ye into all the world,

and preach the gospel to every creature.

(Mark 16:15)

이 명령을 하신 주 예수 그리스도를 우리는 어떻게 대우하고 있는가? 그저 영원한 죄의 형벌을 해결해 주신 주님으로는 기꺼이 받아들이지만, 그분이 값 주고 산 존재라는 인식도 없고 절대적으로 순종할 준비도 되어 있지 않기 때문에 그분께 붙인 주님이라는 칭호는 떼려고 하고 있는가? 자기가 자기 주인이 되어 그분께 마땅히 드려야 할 것이 있는 것은 인정하지만 단지 지나치게 요구하지 않는 조건 하에서만 그렇게 하겠다는 것인가?

진정한 그리스도인이라면 이러한 주장에 주저하지 않고 진심으로 아니라고 할 것이다. 그러나 세대마다 얼마나 많은 사람들이 그러한 입장이 바른 것처럼 그렇게 살아왔는가? 주님의 백성들 중에 그리스도께서 모든 것의 주인이 아니시면 전혀 주님이 아니시라는 진리를 인식하고 있는 사람이 얼마나 적은가! '왜 나에게 주여 주여 하면서 내가 하라는 일을 행하지 않는가?' 젊고 건강한 사람은 모두 주님의 인정을 받고 그분의 길을 따르기 위하여 타락한 세상을 구원하고자 하는 거룩한 야망을 갖지 않겠는가? 그리고 믿는 부모들은 자녀들이 그러한 열정을 갖도록 권장하지 않겠는가?

아직도 다윗의 열쇠를 쥐고 문을 여시는 분이 그러한 일군들과 함께 '언제나' 함께 해 주시겠다고 하신 약속을 잊지 말아야 할 것이다. 그리고 그러한 노력은 전 세계의 교회에 성령이 부어지지 않으면 가능한 일이 아닐 것이다. 수만의 중국 그리스도인들이 자기 민족을 복음화할 강력한 능력을 갖게 하기 위해서도 마찬가지이다. 만민에게 복음을 전하는 것은 인간의 계획이 아니라 하나님의 명령임을 잊지 말자.

크게 기뻐하는 믿음

EXULTING FAITH

내가 주 여호와의 능하신 행적을 가지고 오겠사오며.

시편 71:16

I will go in the strength of the Lord.

Psalm 71:16

　세상은 맹렬한 속도로 나아가고 있는 듯 하고, 오랫동안 문이 닫혔던 이방 왕국들은 놀랍게도 선교사들에게 문을 열어 주었다. 그러나 아직도 사탄이 그곳을 다스리고 있고 이 세상의 신은 왕좌에서 내려오지 않았다. 과학의 지식이 늘고, 파괴하는 무기들은 더 무섭게 강력해졌으며 수백만의 무장 군인들을 보면 사람이 사람을 두려워하지 않고 더 이상 사랑하지 않는다는 사실이 너무도 명백해졌다.

　누가 몇 년 내에 일어날 수도 있는 사건과 변화를 미리 보면서 우리 주님의 재림을 늦추도록 하겠는가? 정치를 보거나 종교를 보거나 참으로 우리는 위험한 시대에 살고 있다. 지금처럼 하나님과 동행하고, 지존자의 은밀한 곳에 거하며, 일어나서 행동하는 것이 더 중요한 때는 역사상 없었다. 이 중요한 시대에 다시 한 번 하나님께 자신을 산 제물로 드리는 우리의 특권을 새롭게 받아들이지 않겠는가?

그분이 우리의 주님이고 우리 자신을 그분의 소유임을 진정으로 인식하는 정도에 따라서 우리의 믿음을 그분께 두는 것이 쉬워질 것이다. 우리는 모두 우리가 산 것들에 대해서 책임을 지지 않는가? 만일 목자가 양떼를 샀다면 잘 돌보고 필요한 것을 제공해 주지 않겠는가? 치른 값이 비쌀수록 더 신경 써서 돌볼 것이다. 우리를 그렇게 특별하고 비할 데 없는 사랑으로 사랑해 주신 그분께 우리의 믿음을 두어도 좋지 않겠는가? 그분 안에 우리의 믿음을 새롭게 두고, 주 하나님의 능력으로 더욱 전진해 가자.

믿음의 안식은 무관심이나 무위無爲의 안식이 아니다. 하나님께서 사역을 확장시키실수록 원수는 더욱 열심을 내어 끊임없이 방해하고 훼손하려고 시도할 것이다. 주께서 신속하게 온 나라를 활짝 여셔서 선교사들이 과감하게 사역을 할 수 있도록 기도하라. 가정마다 방문하여 복음을 전하려고 작정한 대부대의 전도자를 빨리 내보내주시도록 기도하라. 크게

기뻐하는 믿음은 주의 능력으로 노래하며 나갈 것이다. '하나님이 우리를 위하시면 누가 우리를 대적하리요?'

memo

나라가 임하시오며

THY KINGDOM COME

하늘에 계신 우리 아버지여,

이름이 거룩히 여김을 받으시오며, 나라가 임하시오며.

(마태복음 6:9)

Our Father which are in heaven, Hallowed be Thy Name.

Thy Kingdom come!

(Matthew 6:9)

우리 주께서는 '하늘에 계신 우리 아버지여, 이름이 거룩히 여김을 받으시오며, 나라가 임하시오며.'라고 우리가 가장 소원해야할 간구를 가르쳐 주셨다. 또한 우리는 그분의 소원이 '모든 사람이 구원에 이르고 진리를 아는 데 이르는 것'이고 '온 천하에 나가 만민에게 복음을 전파하는 것'임도 알았다. 그분이 가장 원하시는 것에 세상에서 이루어져야 한다고 믿음으로 주장하지 않겠는가? '당신의 백성이 주의 능력의 날에 나올 것입니다.' '모든 권세를 내게 주셨으니'

주께서 복음을 위해서 나라를 열고 계시지 않는가? 모든 사람이 당신의 사랑을 들을 수 있도록 하는 바로 그 목적을 위하여 여행하기 쉽게 해주지 않으셨는가? '추수할 것은 많고 일군은 적으니 추수하는 주인에게 기도하여 추수할 일군을 보내어주소서 하라.'

우리는 이전 믿음의 날들에 그렇게 능하신 기적을 행하신 것을 보았고, 또 우리는 '모든 땅 끝이 향해서 온 바로 그분'을 소유하고 있다. 하나님이 우리를 위해서 더 나은 것을 주셨고 그들은 우리가 아니면 온전해 질 수 없으니 우리가 위대한 것을 구해야 하지 않겠는가? 복음이 '만민에게' 신속히 전해지도록 하는 일보다 더 중요하지 않은 일을 구할 수 있겠는가? 그 이하의 일로는 우리 주님을 만족시켜드리지 못할 것이다. 믿고 드리는 기도는 전심으로 행동하도록 이끌며, 그러할 때 우리 주님은 이렇게 격려하신다. '만일 너희 중 둘이 땅에서 합심하여 무엇이든 구하면 하늘에 계신 아버지께서 그들을 위하여 이루어 주시리라.'

이 세대에 복음이 '만민에게' 전파되기 위하여 하나님의 백성 중 얼마나 많은 사람들이 함께 힘을 합하여 새롭게 믿음으로 주장하면서 그 일을 위하여 수고하겠는가? 우리는 믿음으로 '주 안에서 기뻐하고 이스라엘의 거룩한 자에게 영광을 돌리게 될 것'이며, 우리에게나 세상 앞에서 '주님을 위해서는 어려운 일이 아무 것도 없으며' '믿는 자에게는 능치 못할 일이 없음'을 증명할 것이다.

memo

22일

위험한 시기에

IN TIME OF DANGER

아버지께서 나를 보내신 것처럼 나도 너희를 보내노라.

(요한복음 20:21)

As my Father hath sent Me, even so send I you.

(John 20:21)

현 시대(적의의 시대)는 우리 선교사들이 좋을 때나 위험할 때 취해야 할 방침을 고려하기에 적절한 시기로 보인다.

우선 첫 번째로 위에 있는 권위자들에 관하여 나쁘게 말하지 말고 대신에 그들을 위해서 기도하라는 명령이 중요한 것을 여러분이 상기하기 바란다. 그러한 기도는 개인적으로뿐 아니라 공적으로도 할 필요가 있다. 기독교는 당국에 충성하는 것을 권장하는데 많은 부분이 관리들에 의해 좌우될 수 있기 때문이다.

둘째, 우리는 여기에 서양 세력의 대표로서 온 것도 아니고 그들과 소통하는 것이 우리의 의무도 아닌 것임을 인식해야 겠다. 우리는 주 예수 그리스도의 증인이요 대사로서 이곳에 왔다. 제자들이 한 번은 주님의 복수를 한다고 하늘로부터 불이 내리도록 할까요? 하고 잘못 생각한 적이 있었다. 그러나 주님은 꾸짖으셨다. 또 제자 한 사람은 주님을 방어한다고 검을 빼들었다. 그러나 우리 주께서는 '검을 집어넣어라. 검으로 다스리는 자는 검으로 망한다.'고 말씀하셨다.

세째, 우리의 선교 기지를 떠나야 하는가? 여러 가지로 그렇게 하지 말아야 할 이유가 있다. (a) 우리는 하나님의 명령 때문에 그분의 대사로서 여기에 있는 것이며 하나님께서 보호하신다는 약속을 주장할 수 있는 사람들이다. (b) 우리는 회심한 사람들에게 그리스도를 위하여 용감하게 박해와 손해를 감수하라고 계속해서 격려하고 있다. 그러한 시기에 우리가 떠난다면 수년 동안의 가르침이 그들에게 감동이 되지 못할 것이다. 위험한 시기는 실물 교육에 더할 나위 없이 좋은 기회이다. (c) 이방인에게 대한 도덕적인 영향도 개종자에게와 마찬가지일 것이다. 우리는 있을지 없을지 모르는 박해가 두려워서 도망가라는 명령을 들은 적이 없다. 만일 주께서 우리가 쫓겨나는 고통을 당하게 하신다면 그때는 책임이 주님께 있는 것이다. 그럴 때는 있는 그대로의 얼굴 표정이 우리 주님을 증거할 것이다. 하나님 안에 있는 거룩한 기쁨은 연발 권총보다 훨씬 더 나은 보호막이다. 그러나 그것이 언제나 구원이 되지 않을 수도 있다. 보호보다 더 나은 것도 있다. 그것은 순교자의 면류관인데 그렇게 예비되어 있는 사람은 매우 드물다.

memo

사랑받는 그의 소유

POSSESSED AND BELOVED

내가 속한 바 곧 내가 섬기는 하나님.

(사도행전 27:23)

Whose I am, and Whom I serve.

(Acts 27:23)

여호와의 사랑을 입은 자는 그 곁에 안전히 살리로다.

(신명기 33:12)

The beloved of the Lord shall dwell in safety by Him.

(Deuteronomy 33:12)

'사랑받는 그분의 소유'라는 생각은 우리에게 매우 소중하다. 바울 사도는 자기가 탔던 배가 파선 당하려던 순간에 자신이 하나님의 소유이며 하나님을 섬기는 종이라는 진리를 마음으로 의지하고 있었다. 그 훨씬 이전에도 '주의 사랑하는 자는 여호와 곁에 안연히 거하리로다'고 그의 조상에게 주신 확신 덕분에 많은 이스라엘 백성들은 안식과 자신감을 가질 수 있었다. 우리도 그와 같은 복된 사실 안에서 모두 안식하지 않겠는가? 그분의 것으로 창조하셨고 그분의 것으로 구속하셨기 때문에 우리는 계속 반복해서 그분께 기쁨으로 자신을 드리고 헌신할 수 있다. 우리는 자신의 소유를 소중히 여기고 돌본다. 또한 사랑하는 사람들을 귀히 여기고 보호한다. 그러니 우리보다 훨씬 더 사랑이 많으시고 무한한 자원을 가지고 계신 분께서 얼마나 더 우리를 소중히 보호해 주시겠는가?

우리는 과거의 자비하심을 돌이켜보면서 '금식하면서 이것을 달라고 하나님께 구했다. 그러자 그분께서 우리의 간구를 들으셨다.' 라고 말할 수 있다. 그런데 오늘날 우리에게는 이전 보다 필요한 것이 훨씬 더 많다. 그래서 우리 친구들이 우리에게 인도와 도움을 허락해 주십사고 하나님께 열심히 기도해 주기를 간절히 바란다. 사역은 그분의 것이고 사역자도 그분의 것이며 그분은 얼마든지 필요한 것을 공급해 주시겠다고 약속해 주셨다. 그래도 그것을 위해서 그분께 구해야 한다. 믿음의 기도는 하늘의 창문을 열어준다.

하나님의 사랑이 우리를 여기까지 인도해 주셨고 축복해 주셨다. 그것은 변함이 없다. 하나님이 변함없으시기 때문에. 장래에 어떤 일이 있을지는 모르지만 우리는 어제나 오늘이나 영원토록 동일하신 그분을 알고 있다. 우리를 새롭게 그분

께 우리의 손을 내밀며 '저를 인도해 주세요.'라고 말한다. 주
께서 곧 오실지 모른다. 아니 만일 지체하시면 우리가 의지하
던 사람들이 하나하나 불려가서 우리 곁을 떠날 수 있다. 그
렇지만 '주님은 남아 계신다.' 절대로 흔들리지 않는 유일하
고도 위대하신 반석으로 우리 곁에 계신다. '주가 나의 도움
이시니 당신의 날개 그늘 아래에서 기뻐할 것입니다.'

memo

기록된 말씀
THE WRITTEN WORD

네가 내 안에 거하고 내 말이 네 안에 거하면
무엇이든지 원하는 대로 구하라, 그리하면 이루리라.

(요한복음 15:7)

If ye abide in Me, and My words abide in you,

ye shall ask what ye will, and it shall be done unto you.

(John 15:7)

우리 구주께서 '네가 내 안에 거하고, 내가 네 안에 거하면'
이라고 하지 않으시고 '네가 만일 내 안에 거하고 내 말이 네
안에 거하면'이라고 하신 것에 주목할 필요가 있다. 4절에서 '
내'라는 말 대신에 '내 말'이라고 하신 것은 기록된 말씀과 성
육신 사이에 가까운 연관성이 있음을 보여준다. 그리스도는
우리에게 기록된 말씀으로 오신다. 성령께서 영혼에 심어주
시는 말씀으로 오신다. 기록된 말씀을 먹는 것은 살아계신 그
리스도를 양식으로 취하는 것이다.

우리는 거룩해지기 위해서 시간을 들여야 한다. 성경을 얼마만큼 많이 읽느냐에 대한 이야기가 아니다. 그 안에서 주제를 발견하여 묵상하는 만큼 그 안에서 자양분을 얻을 수 있다. 그러면서도 너무 제한적으로 읽어서도 안 된다. 유월절 양을 전부 먹어야 했던 것처럼 하나님의 말씀도 전체적으로 보는 것이 필요하고 유익하다. 그래야 하나님의 사람이 온전해지고 모든 선한 일을 행할 수 있게 된다. 하나님의 말씀을 전체적으로 읽지 않는 사람이 있다면 반드시 통독을 하도록 강력히 권한다. 할 수만 있으면 일 년에 일독을 권한다. 깊이 생각하며 기도하며 읽을 수 없을 때 매일 조금의 분량이라도 읽되 그러면서도 성경 전체를 전부 읽어가도록 하는 것이 좋겠다.

오늘 말씀은 하나님의 말씀에 대한 충분한 지식과 성공적인 기도 사이에 중요한 상관관계가 있음을 보여준다. 기도는 계시된 하나님의 뜻과 일치될 때 응답이 된다. 명백히 계시된 하나님의 목적과 대치되는 것을 모르는 채 열심히 기도하는 신자들이 있다. 다시 말하지만 하나님의 말씀에 대한 온전한 지식이 있을 때, 때에 맞는 약속을 기억하고 자신 있게 믿음으로 기도할 수 있다. 그리스도 안에 거하고 그분의 말씀을 양식으로 섭취할 때 그리스도를 닮은 삶을 살게 되고 하나님 앞에서 우리 마음을 확실하게 해 준다.

신실하신 하나님

HE ABIDETH FAITHFUL

네가 늘 섬기던 너의 하나님이 능하시더냐?

(다니엘 6:20)

Is thy God, whom thou servest continually, able?

(Daniel 6:20)

어느 시대를 막론하고 믿음이 없는 사람들은 슬픈 목소리로 다리우스 왕이 했던 이 질문을 하는데, 하나님의 증인들은 언제나 승리의 대답을 하는 특권을 누렸다.

중국 내지 선교회의 존재 자체가 하나님의 신실하심으로 주신 기도의 응답이었고 그것은 말보다 더 강력한 살아있는 증거였다. 선교회는 기도로 태어났고 기도로 자라났으며 지금도 오직 믿음의 기도의 응답으로 한 달 한 달 유지되고 있다.

선교회가 형성될 당시 사역자들을 얻을 때도 추수의 주

인께 기도하여 일군을 보내달라고 하는 것이 하나님의 계획으로 보였다. 우리가 그렇게 필요한 일군을 위해 기도했을 때 하나님께서는 영국, 스코틀랜드, 아일랜드, 웨일즈 뿐 아니라 노르웨이, 스웨덴, 핀란드, 그리고 덴마크와 독일, 스위스 이탈리아, 또 미국, 캐나다, 호주로부터 사역자들을 보내주셨다.

기금에 관하여. 우리는 주의 일을 하러 가면서 '먼저 하나님의 나라와 그 의를 구하면 이 모든 것을 너희에게 더해 주신다.'는 하나님의 말씀이 보증이 되어 주시는 것을 오래 전에 깨달았다. 오늘날도 이 약속을 의지하고 있는데 실망하지 않는다. 기부자의 이름을 발표하지 않고 모금도 하지 않으며 기금을 모아 놓지 않는다. 결코 빚을 지지 않는다. 현재 우리가 걷는 길은 처음에도 그러했듯이 마치도 물 위를 걷는 것과도 같다. 그러니 우리에게 하나님을 크게 찬양할 이유가 있지 않은가?

그리고 전도의 문도 차차로 열렸다. 그분이 열면 아무도 닫을 수 없는 바로 그분이 다윗의 열쇠를 쥐고 계시면서 중국 전역에 우리가 들어갈 수 있도록 문을 열어 주셨다.

이제 가장 중요하게 할 이야기가 남아 있다. 앞서 언급한 모든 기도의 응답은 **영혼의 구원과 하나님 나라의 진전**이라는 위대한 목적을 위한 수단이다. 한 사람의 영혼이 말할 수 없이 소중한데, 수많은 사람들이 주님을 위해서 증거하고 있고 그분을 위해서 고난을 당하고 있는 것을 보면서 우리는 하나님께 얼마나 많이 감사하고 찬양해야 하겠는가?

memo

반석과 같은 기초

ROCK FOUNDATIONS

그러므로 누구든지 나의 이 말을 듣고 행하는 자는
그 집을 반석 위에 지은 지혜로운 사람 같으리니.

(마태복음 7:24)

Everyone therefore which heareth these words of Mine,

and doeth them, shall be likened to a wise man,

which built his house upon the rock.

Matt. 7:24

주께서 CIM을 세우셨을 때 그 기초로 주셨던 소중한 진리
를 감사함으로 회고해 보면 좋겠다. 그것은 든든한 반석과 같
은 기초였다.

첫째, 하나님이신 아버지, 아들, 성령은 현존하는 분이시고,
이 복된 삼위 일체 하나님은 당신을 구하는 자에게 상주시는 분
이시다.

둘째, 하나님은 줄곧 말씀해 오셨다. 성경 말씀 전체는 살아계
신 하나님의 말씀이다.

셋째, 십자가에 못 박히고 부활하신 예수 그리스도 외에는 구원을 주신 다른 이름이 없다.

넷째, 부활하신 우리의 주께서는 세상 만민에게 복음을 전하라고 하셨다.

다섯째, 하늘과 땅의 모든 권세, 모든 육체를 다스리시는 능력이 그분께 주어졌고 우리는 그분의 능력과 자원을 아버지께서 사랑으로 주실 것을 믿고 나가야 한다.

여섯째, 교회의 희망과 세상의 희망은 우리 주의 재림이다. 우리는 복음을 선포함으로 그분의 오심을 재촉할 수 있다.

일곱째, 그리스도로 옷 입은 사람은 모두 예수 그리스도 안에서 하나이다. 모두 똑같이 그분께 순종하도록 되어 있고 모두 똑같이 그분의 약속의 유업을 이을 자들이다.

이에 따라 행동하며 우리는 주의 명령에 순종하여 하나님의 백성들이 협력하도록 초대하였다. 처음 파송되었던 래머뮤어호 일행은 교파나 국가를 초월한 무리였고 현재는 벨기에와 네덜란드를 제외한 유럽의 모든 나라와 미국, 대양주의 나라들도 우리와 함께 하고 있다. 이것은 주가 하고 계신 일이 아닌가? 그렇기 때문에 대단히 의미가 있는 일이 아닌가? 우리에게 여호수아의 고백처럼 '주 너희 하나님께서 말씀하셨던 모든 좋은 일이 하나도 이루어지지 않은 것이 없었던 것'이다.

온 천하에

ALL THE WORLD

너희는 온 천하에 다니며 만민에게 복음을 전파하라.

(마가복음 16:15)

Go ye into all the world,

and preach the Gospel to every creature.

(Mark 16:15)

나는 이것이 매우 진지하고 어려운 일이라는 생각을 여러분이 하기 바란다. 쿠쳉에서 생명을 잃은 사랑하는 헤씨 뉴컴의 글을 여러 번 읽고 있었다. 헤씨는 죽기 일 년 전에 우리 선교관에 있었고 내가 주 안에서 매우 사랑했던 자매이다.

'우리는 중국에서 무엇을 만나게 됩니까?' 라는 질문에 헤씨는 짧게 두 단어로 대답했다. '하나님과 악마요.' 영혼의 큰 원수인 사탄과 대면하는 일이 얼마나 엄숙한 것인지에 대해서 말한 것이다. 마치도 언제나 하나님께서 제어해 주시지 않으면 언제 폭발할지 모르는 화산 위에 앉아 있는 것 같은 것임을 알고 있었던 것이다. 얼마나 예언적인 말이었는지! 하나님께서 손을 놓으셨고 헤씨와 동료들은 영광스러운 순교의 면류관을 쓰게 되었다.

이런 일은 하나님이 제어하는 손을 거두시면 중국 어디에서나, 어느 이방나라에서나 일어날 수 있는 일이다. 인도에 매우 위험한 요인이 있다. 하나님께 그 일이 터지지 않도록 막아달라고 기도를 많이 해야 할 것으로 보인다. 아프리카도 위험한 시기이다. 그곳에서도 하나님께서 위험을 막아주시고 하나님의 백성을 보호해 주시도록 기도해야 할 것이다. 어쩌면 주님의 종이 중국의 어느 지역에서 매우 위험에 빠져 있어서 우리의 기도 지원이 필요할 수도 있음을 기억하고 모두 기도를 해야 할 때라고 믿는다. 그러면 은혜의 보좌에서부터 도움을 받을 수 있을 것이다.

복음에 대적하는 사람들이 이방 땅에만 있는 것이 아니다. 오, 본국에도 그런 사람이 얼마나 많은지! 하나님께서는 놀랍게도 사람들을 땅 끝으로 데리고 가셔서, 본국에서는 아무 흥미를 느끼지 못하던 것을 그곳에서 그 복음을 듣고 구원을 받게 하는 경우가 많이 있다. 이방 땅에 있는 모든 선교사들에게 힘을 주셔서 그곳에서 사는 동안 우리 동족을 만날 때 그들에게도 하나님의 축복을 전할 수 있도록 기도하자.

위대하신 우리의 재무담당

OUR GREAT TREASURER

하나님이 능히 모든 은혜를 너희에게 넘치게 하시나니

이는 너희로 모든 일에 항상 모든 것이 넉넉하여

모든 착한 일을 넘치게 하게 하려 하심이라.

(고린도 후서 9:8)

And God is able to make all grace abound toward you;

that ye, always having all sufficiency in all things,

may abound to every good work:

(2 Corinthians 9:8)

우리는 매우 심각한 문제에 봉착해 있다. 중일 전쟁(1894) 이후 완전히 새로운 상황이 되었다. 중국의 세금이 크게 증가되어 상대적으로 은의 가치와 제반 비용이 많이 달라졌다. 이 때문에 난처하게 된 경우가 있었다. 수중에 돈이 있어서 일을 시작했는데 일이 완성되기 전에 기금의 가치가 달라진 것이었다.

여러분에게 다시 말할 필요도 없지만 어떤 경우에라도―

경외심을 가지고 이렇게 말해도 되겠는가?—우리에게는 주님께서 친히 재무담당이 되어 주신다. 그분은 과거와 마찬가지로 장래에도 결코 우리를 버리지 않으실 것이다. 중국에서의 생활비가 상당히 많아졌고 감당해야 할 식구들도 늘었다. 위대하신 우리 하나님의 자원은 줄어들지 않았고 그분의 말씀도 언제나와 마찬가지로 진리이기 때문에 우리는 완전한 확신 가운데 안심한다. 우리가 할 일은 '먼저 그의 나라와 그의 의를 구하는 것'이다. 그리하면 이 모든 것을 우리에게 더하실 것이다.

하나님께서 신실하신 증거를 보여주신 예를 들어보라고 하면 시간이 모자랄 것이다. 그래서 여러분도 나와 함께 신실하신 하나님을 믿으라고 격려하고 싶다. 두려워하지 말고 추수의 주인께 일군을 더 보내 달라고 계속 기도하기를 바란다. 나는 3백만이나 되는 이스라엘 백성을 다음 날 아침에 먹을 부스러기 하나 찬장에 채워 놓지 않고 잠자리에 들게 하셨던 하나님을 생각한다. 그래도 그들은 다음 날 아침이 되면 언제나 아침 먹을 것을 모을 수 있었다. 나는 그 사건을 좋아한다.

오! 이것이 하나님의 일임이 느껴지기 때문에 나는 매우 기쁘다. 사랑하는 친구들이여! 여러분은 그렇지 않은가? 우리에게 위대하시고 영광스러우신 하나님이 계셔서 매우 기쁘다. 그분께 우리는 필요한 것을 아뢸 수 있다. 하나님은 당신의 백성에게 필요한 것을 채워주시기를 좋아하시며, 사람의 아들들 앞에서 당신을 의뢰하는 사람들을 위해서 강하게 역사하시는 분이시다.

memo

믿음이란 무엇인가?

WHAT IS FAITH?

하나님을 믿으라.
(마가복음 11:22)

Have faith in God.

(Mark 11:22)

하나님의 자녀 중에 이 믿음이라는 문제에 대해서 어려움을 느끼지 않는 경우는 거의 없는 것 같다. 그리고 우리 중에도 다른 사람에게 믿음을 이야기할 때, 마치 그 안에 무슨 신비한 것이라도 있는 듯 필요 이상 어려워할 때가 많이 있다.

믿음이란 무엇인가? 그저 우리가 믿는 대상의 신용이나 신뢰성을 그저 단순히 인정하는 것이 아닌가? 왜 정부 채권을 자신 있게 사는가? 그것은 우리에게 정부에 대한 믿음이 있어서이다. 사람들은 정부의 유가증권을 망설임 없이 믿고 산다. 정부가 그것을 보증해 줄 것이라고 믿기 때문이다. 중국에서는 거래를 할 때, 순은인지 검사해 보고 그 은의 무게를 달아서 협상을 하지만, 우리는 거래에 화폐를 사용한다. 그것을 정부가 발행했기 때문에 아무 어려움 없이 믿고 사용하는 것이다.

우리는 철도 안내서를 보고 여행 계획을 짠다. 내가 몇 달씩 해야 하는 뉴질랜드나 미국 여행을 할 때에도 그렇게 한다. 이런 공공기관에서 내는 책자를 신뢰하기 때문이다. 그렇게 하면 대체적으로 실수하지 않는다.

철도 안내서를 사용하듯이 우리는 성경을 사용해야 한다. 사람이 하는 말을 믿고 그 말대로 하듯이 하나님의 말씀을 믿고 의지해야 한다. 단, 사람은 자기 약속을 지키지 못할 때가 있어도 하나님은 반드시 말씀하신 것을 언제나 이루시는 분이심을 기억해야 할 것이다. 우리가 서로 믿고 살듯이 하나님께도 같은 신뢰심을 가지고 대해 드려야 한다. 서로 믿지 못하면 세상의 거래가 이루어지지 않듯이 하나님을 신뢰하는 것도 마찬가지로 꼭 필요한 것이다.

믿음에는 두 가지 측면이 있다. 하나님을 향한 측면과 사람을 향한 측면이다. 우리가 하나님의 신실하심을 충분히 인식할 때 그분이 당신의 말씀을 이루실 것이라는 조용한 자신감과 믿음 안에 안식할 수 있을 것이다.

30일

중국의 영적 필요

CHINA'S SPIRITUAL NEED AND CLAIMS

너는 사망으로 끌려가는 자를 건져 주며

살륙을 당하게 된 자를 구원하지 아니하려고 하지 말라.

네가 말하기를 나는 그것을 알지 못하였노라 할지라도

마음을 저울질 하시는 이가 어찌 통찰하지 못 하시겠으며

네 영혼을 지키시는 이가 어찌 알지 못하시겠느냐

그가 각 사람의 행위대로 보응하시리라.

(잠언 24:11-12)

If thou forbear to deliver them that are drawn unto death,

and those that are ready to be slain;

If thou sayest, Behold, we knew it not;

doth not he that pondereth the heart consider it?

and he that keepeth thy soul, doth not he know it?

and shall not he render to every man according to his works?

(Proverbs 24:11,12)

틀림없이 사람들은 이러한 제국의 필요를 인정해야 할 뿐
아니라 깨달아야 할 것이다. 인류의 1/3이나 되는 생명의 영

원에 대해서 같은 인간으로서 깊이 동정하며 피로 산 능력으로 가장 열정을 기울여 노력해야 하지 않겠는가? 이방 세계에서 들려오는 무기력하고 소망 없이 비참한 흐느낌이 게으른 우리 귀를 찔러서 우리를 깨우지 않는가? 몸과 영과 혼을 일으켜 세워서 중국의 구원을 위해서 강력하고 지속적이며 패배를 모르는 노력을 기울이게 하지 않겠는가? 우리는 하나님의 강한 능력 안에서 강해져서 강한 자의 손에서 먹이를 빼앗을 수 있다. 영원히 타는 불에서 영혼을 구할 수 있고 죄와 사탄의 노예 상태에서 그 포로를 구해 낼 수 있다. 그리하여 뛰어나신 우리 왕의 승리에 영광을 돌릴 수 있다.

기도 가운데 이러한 사실들을 생각하면서, 또 중국에 인간을 진정으로 행복하게 하는 것들이 얼마나 심각하게 결여되어 있는지를 생각하니 그리스도의 피의 능력을 이미 경험한 사람들의 가슴에 중국의 필요를 무거운 짐으로 올려놓을 수밖에 없는 심정이다. 그리고 주께서 반드시 이 어두운 땅 모든 성에 복음을 들고 가서 전해 줄 사람들과 수단을 보내주시기를 간절히 기도드린다. 우리에게는 하나님이 계시다. 그분은 모든 능력과 권세를 지니신 주님이시고, 그분은 팔이 짧아서 구원하지 못하는 분이 아니시며 귀가 어두워 듣지 못하시는 분이 아니시다. 그분의 변함없는 말씀은 우리에게 구하면 받을 것이고 우리 기쁨이 충만하리라고 하신다. 우리 입을 넓게 열며 채워주실 것이다. 하나님은 믿음의 기도에 전능하신 능력으로 응답해 주시는 이 은혜로운 분이시다. 그러나 또한 멸망해 가는 사람을 구하기 위해 자신을 드리기를 소홀히 하는 사람들에게 그분은 그 피 값을 찾으신다. 하나님께서 그 죄를 가볍게 보지 않으신다는 사실을 기억하는 것이 좋을 것이다.

memo

1865년 허드슨 테일러가 창설한 중국내지선교회CIM: China Inland Mission는 1951년 중국 공산화로 인해 철수하면서 동아시아로 선교지를 확장하고 1964년 명칭을 OMFOverseas Missionary Fellowship INTERNATIONAL로 바꿨다. OMF는 초교파 국제선교단체로 불교, 이슬람, 애니미즘, 샤머니즘 등이 가득한 동아시아에서 각 지역 교회, 복음적인 기독 단체와 연합하여 모든 문화와 종족을 대상으로 예수 그리스도가 구세주이심을 선포하고 있다. 세계 30개국에서 파송된 1,300여명의 OMF 선교사들이 동아시아 18개국의 신속한 복음화를 위해 사역 중이다.

OMF 사명
동아시아의 신속한 복음화를 통해 하나님을 영화롭게 하는 것이다.

OMF 목표
하나님의 은혜를 통하여 동아시아의 모든 종족 가운데 성경적 토착교회를 설립하고, 자기종족을 전도하며 타종족의 복음화를 위해 파송되는 것을 목표로 한다.

OMF 사역중점
우리는 미전도 종족을 찾아간다.
우리는 소외된 사람들에게 관심을 갖는다.
우리는 복음을 전하는 일에 주력한다.
우리는 현지 지역교회와 더불어 일한다.
우리는 국제적인 팀을 이루어 사역한다.

OMF INTERNATIONAL-KOREA
한국본부: 137-828 서울시 서초구 방배본동 763-32 호언빌딩 2층
전화: 02-455-0261,0271/ 팩스 · 02-455-0278
홈페이지: www.omf.or.kr
이메일: kr.com@omfmail.com/ kr.family@omfmail.com